学术顾问：张　莹
专家审阅：冯永谦

出版策划：马　航
选题策划：沈阳中汇艺术馆有限公司
视频策划：辽宁北方传媒广告有限公司
动画制作：李小姣　裴　增
资料整理：王巧玲　吴　琼

扫码解锁

文博绘画板　国宝集拼图　文物放大镜　历史留声机

图书在版编目（CIP）数据

博物馆里的奇妙中国.漆器 / 王可著；姜波绘. —
沈阳：辽宁科学技术出版社, 2021.7（2024.4重印）
　　ISBN 978-7-5591-2036-6

　　Ⅰ.①博…　Ⅱ.①王…　②姜…　Ⅲ.①漆器(考古) –
中国 – 儿童读物　Ⅳ.①K87-49

　　中国版本图书馆CIP数据核字(2021)第076796号

出版发行：辽宁科学技术出版社
　　　　　（地址：沈阳市和平区十一纬路25号　邮编：110003)
印　刷　者：凸版艺彩（东莞）印刷有限公司
经　销　者：各地新华书店
幅面尺寸：250mm×250mm
印　　张：4
字　　数：80千字
出版时间：2021年7月第1版
印刷时间：2024年4月第5次印刷
责任编辑：马　航　姜　璐
封面设计：张琼月
版式设计：张琼月　冯建祎
责任校对：闻　洋

书　　号：ISBN 978-7-5591-2036-6
定　　价：49.80元

投稿热线：024-23284062
邮购热线：024-23284502
https://www.lnkj.com.cn

博物馆里的奇妙中国

漆器

王 可 著
姜 波 绘

**MUSEUM
WONDERLAND
OF CHINA**

LACQUERWARE

辽宁科学技术出版社
·沈 阳·

本书主人公介绍

我们在这里

2000年

1500年

1000年

500年

公元元年

前500年

前1000年

前1500年

前2000年

清
明
元
金
辽
宋
五代十国
唐
隋
南北朝
晋
三国
汉
秦
战国
东周
春秋
西周
商
夏

你好！我是咕叽，最喜欢跟着在博物馆工作的妈妈去博物馆玩儿。告诉你一个秘密，在那里我和很多文物成了好朋友！它们会给我讲很多很久以前发生的好玩儿的事儿，还能带我穿梭博物馆的神秘之门！你想不想跟我一起去看看？

咕叽
一个很有好奇心的小男孩

我在这个杯子上跪坐几千年了。你们叫我漆小六就可以，我知道很多好玩儿的事儿，我是漆器家族的百科全书。

漆小六
原型来源于
西汉彩绘龙纹立雕人像漆耳杯

我来自明朝，住在博物馆中。在没人的时候，我就会跑出来锻炼一下身体，而且我很喜欢来博物馆的这些小朋友，他们总是有数不清的问题，哈哈。

小小白
原型来源于
明青花兔纹盘

跟随我们开启博物馆的奇妙之旅吧！

馆长推荐语

　　中华文明是世界上唯一不曾中断、绵延了5000年的伟大文明，在漫长的历史长河中，我们的祖先给我们留下了很多关于他们的故事，这些故事就藏在流传至今的一件件文物上。

　　2020年辽宁省博物馆推出了儿童体验馆，希望能让孩子们读懂文物，爱上博物馆，在博物馆的陪伴下快乐成长。本套儿童文博绘本的出发点也是如此，它是一套可以"捧在手中的博物馆"，用轻松有趣的方式，生动演绎不语的文物，让孩子们发现文博的乐趣和传统文化之美。

　　以古鉴今、思考当下、创造未来，是博物馆开展儿童和青少年教育工作的使命。愿可爱的孩子们可以在博物馆的陪伴下长大，有思维、有向往，延续中华文明的光和热！

辽宁省博物馆副馆长　董宝厚

树上流出来的宝藏

你知道吗?7000年前,我们的祖先找到了一种特别的树,把这种树的树皮割开时,里面会流淌出白色的、黏糊糊的汁。

一次偶然的机会，古人发现把这种树上流出的汁涂在木碗上，木碗就像穿上了一件光亮的外衣，变得又漂亮又结实。树上居然藏着如此神奇的宝藏，这实在是太令人兴奋了！

你看，最早的"漆"字被写成"桼"，描绘的正是从树木上流出液体的情景呀！

这就是来自大自然中的漆。

什么是漆器？

人们从漆树上采集天然漆，涂刷在器物的表面，就像给它们穿了一层"漆衣服"，穿了"漆衣服"的器物，就叫作漆器。

漆里面的材料，有个好玩儿的名字，叫作胎。
古人曾经使用木头、布、竹子、金属、陶土和皮子来制作漆器的胎。

涂上漆之后，材料会变得更结实、更闪亮。材料被漆包裹住，我们看不见它的样子，它像隐身了一样，这就是漆的魔法！

谁最先使用了漆器？

考古发现 1

你知道吗?距今8000年的浙江萧山跨湖桥遗址中,出土了现今发现年代最早的漆器木弓。这件木弓虽已多处残断,表皮脱落,但它的外层仍然保留了涂有天然漆的痕迹。

弓是古代一项重要的发明,大约出现在距今1~2万年前的旧石器时代晚期。

弓的表面涂有生漆。

弓是聪明的古人发明的狩猎工具。

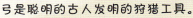

考古发现 2

在距今7000年的河姆渡遗址中出土了一件朱漆木碗,朱漆就是红色漆,说明那时的漆已经被古人添加了色彩,由纯天然原色漆变成了彩色漆。

调入朱砂的红色漆。

根据出土文物的年代来推断,中国人最先使用了漆器!

尧舜禹时期

今天吃什么啊？

舜帝用漆器做的碗吃饭。

这么美的碗要给祖先使用。

禹帝祭祀天地祖先的时候用漆器盛放贡品。

夏商周时期

夏朝时期，人们把漆树成批地种植在漆园中，这样就不用到处找漆树了，可以节约采集漆液的时间。拥有漆园的都是当时的统治者和贵族。

商周时期已经设有专门的皇家**漆园**。

春秋战国时期，漆器已被广泛使用。除了用于祭祀器物、生活器物之外，漆还被广泛用于兵器，诸如战车、枪械、弓箭等的木质部分都会涂刷漆。

文博科普时间

漆园是负责漆树种植、生漆生产和管理的机构，是商周时期非常重要的部门。

你知道吗？大名鼎鼎的道家代表人物庄子，就曾担任过"漆园吏"这一职位呢！

会"咬"人"的漆?

天然漆叫**大漆**,也叫**生漆**或**土漆**,是漆树馈赠给我们的天然漆液。漆树的个子很高,最高能达到20米。漆树是我国的"土特产"之一呢!一般的漆树长到八九年就可以割漆了,长到十二三年时,流出的漆是品质最好的。

但小朋友最好离漆树远一点儿,因为天然漆中有一种物质叫漆酚(fēn),接触了它,你可能会皮肤红肿、过敏,甚至生一场大病。

漆酚

要做好防护!

采集漆液的人,一般都会经过短则两个月,长则一年的过敏期,之后身体逐渐适应了漆酚,就可以不用做防护措施,直接接近漆树采漆了。

会变色的漆？

天然的漆有着神奇的特质——会变色！刚刚割开树皮时流淌下来的漆是**乳白色**的，而与空气接触一段时间后，它会变成**棕色**。

变色了！

用来涂抹在物件上的带颜色的漆是加入了矿物成分调制而成的，加入的成分不同，调出的颜色就不同。

中国人最早玩儿起了化学！

朱砂　　　　　　　　雄黄　　　　　　　　烟煤

认识漆器家族

漆器家族的品种多达上百种，超过了所有其他工艺门类！
接下来，跟我们一起走进漆器家族，感受漆器家族的万千变化吧！

1号家族

变化的红与黑
——彩绘漆器

大漆的本色是棕色，质地黏稠，很难调色，红色和黑色是古人早期仅能调制成的颜色。

虽然只有两种颜色，古人却用这红与黑创造出无数美丽的画面。正因为有漆作为保护层，这些器物直到今天仍然闪耀着华丽的光芒。

龇牙咧嘴，口吐长舌，还有一对长长的鹿角。

战国 彩绘漆镇墓兽

卷曲的、柔软的线条，像云朵？像植物？

这是什么动物呢？

兽的身体髹（xiū）了黑漆，并用红色漆画了美丽又神秘的花纹。

尖锐而有力量的线条，你觉得像什么？

文博科普时间

关于漆器的名词——髹漆

髹漆，就是将漆涂刷在器物上。髹漆之后，可以防止器物被腐蚀、虫蛀，还能让器物看起来更光亮、美丽！

xiū
髹
qī
漆

战国 彩绘漆双耳杯

你发现了吗？它的耳朵很像蝴蝶的翅膀。

这是一件酒器，是古人饮酒用的酒杯。饮酒的时候双手拿起两侧的"耳朵"，端起酒杯一饮而尽。

这在当时是非常流行的样式。

战国 彩绘凤鸟纹漆耳杯

你发现了吗？这个杯子有两只圆耳朵。

酒杯，有大有小，大的相当于成人手掌大小（长18厘米左右），小的差不多有六七岁小朋友的手掌那么大（长12厘米左右）。

酒杯太漂亮了吧！

战国 彩绘云纹漆盘

这个漆盘的胎是用银子制成的。

考古学家发现，这件漆盘或许还有一个底座，但丢失了，小朋友，你认为这件漆盘的底座会是什么样的呢？

你看，它的4个耳朵是银的。

银这种贵金属，质地很轻、很软，在漆器上使用并不多见。

战国 漆木浅盘豆

豆是什么？豆是古代盛食物的容器。

2000多年前的器物，因为漆的保护，木胎完整，颜色鲜艳。

文博科普时间

豆的数量与身份

《周礼》中说："天子豆百二十，上公豆四十，伯侯豆三十二，子男豆二十四。"

商周时期，拥有豆是身份的象征。身份越尊贵的人，拥有的豆的数量越多。

只有天子才有资格拥有上百件之多的豆，用来行祭祀之礼等。

战国 彩绘龙凤纹盖豆

这件豆是一件重量级的漆器，它出土于著名的曾侯乙墓。曾侯乙是战国时期曾国的君主。这件复杂、精美的漆器，大约有2500年历史了。

盖顶浮雕着3条相互盘绕的龙。

还记得吗？在本系列图书《青铜器》中，我们也讲过豆，不过那本书中的豆都是用青铜做的。

这件豆仿的就是当时流行的青铜豆。

方形大耳，耳朵里里外外全部雕刻着龙纹，复杂至极！

这件豆分为盖子和身体两个部分，除了盖子之外，剩余的部分由一整块木料雕成。

制作这件漆豆的木材，是棵非常粗壮的大树吧？

彩绘龙凤纹盖豆

时代：战国
尺寸：长20.8厘米，宽18厘米，通高24.3厘米
功能：陪葬品
现藏地：湖北省博物馆

文物档案

15

浪漫的连体酒杯

战国 彩绘凤鸟双联杯

连体酒杯？
怎么使用呢？

这是俯视效果哦！

彩绘凤鸟双联杯

时代：战国
尺寸：长17.6厘米，宽14厘米，
　　　通高9.2厘米，杯口径7厘米
功能：酒器
现藏地：湖北省博物馆

文物档案

两个杯子的底部、侧面各有一个圆孔，用一竹管连通，新婚夫妇各自拿着一个吸管来喝杯子里的酒。
因为底部、侧面是连通的，外表看上去的两杯酒其实是一杯酒。

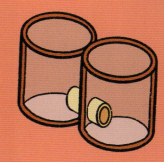

这样的设计有一个好处，酒量大的人可以多喝一些，酒量小的人就可以少喝一点儿。

多么特别的酒杯啊，承载了人们对美好生活的向往和期待。

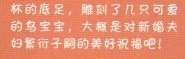

杯的底足，雕刻了几只可爱的鸟宝宝，大概是对新婚夫妇繁衍子嗣的美好祝福吧！

请小朋友找一找可爱的鸟宝宝吧！

我来告诉你这个酒杯的奥秘！
在当时，它是新婚夫妇在婚礼上喝
交杯酒时使用的。

真美好，一件
小小的文物，
饱含了中国人
美好又温暖的
爱情与亲情！

这件彩绘凤鸟双联杯现在就住
在湖北省博物馆，有机会去看
看它，并给爸爸妈妈讲讲它的
故事吧！

古人用这种委婉又浪漫的方式寓意新婚夫妇
从此开始了彼此分担、同甘共苦的生活。

秦 彩绘云鸟纹漆樽

这件樽高17厘米，和我们现在用的水杯差不多一样大。

可以从这里拿起盖子，也可以把盖子翻转过来，变成一个小容器。

这里是一个铜把手。

商周时期青铜器盛行，人们用青铜来铸造樽，到了战国、秦汉时期，人们更喜欢用轻便、耐用的漆器来制作樽了。精美华丽的漆器在这个时期渐渐取代了青铜器的地位，成为贵族们喜爱的奢侈品。

这是一件来自2000多年前的酒器。

变的是材质，不变的是文化的传承。

作为酒器的樽，一般会带有几个支撑身体的脚足。

底部用铜镶了一圈，并连着3只可爱的铜足。

秦 彩绘云鸟纹漆圆盒

秦代（前221—前206年）延续的时间非常短，所以秦代的文物除了兵马俑之外，能在博物馆中看到的很少。在湖北云梦睡虎地秦代墓葬出土了500多件漆器，可见漆器的制造在当时是很发达的。而这变化无穷的红与黑，或许是秦始皇最喜欢的颜色搭配。

这件漆圆盒由上下两部分组成，木胎是工匠用一整块木料挖制而成的。

在秦代，这种漆圆盒是非常流行的。

18

西汉 彩绘云鸟纹漆圆盘

古人很早就认识了鸟,并和鸟一起生活在地球上。古代很多民族都将鸟的形象作为太阳的象征,这在史料中有大量的记述。

所以古人把鸟绘画在他们心爱的器皿上,就像我们今天在纸上画画一样,其实画的正是他们自己的生活和对梦想的期待。

找找上面有几只鸟?

西汉 彩绘云龙纹龙头勺

龙头衔着一颗宝珠呢!

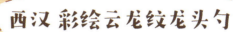

这把来自西汉时期的勺子和今天的汤勺在造型上并没有太大的变化。

文博科普时间

勺子小历史

你知道吗?

勺子的发明和使用与食物有着直接的关系。

新石器时代,中国大地上种植的主要农作物是水稻和粟,人们把它们做成粥、饭来食用,但怎么吃呢?用手抓着吃很不方便,于是人们捡起蚌壳和动物的骨片等带有弧度的东西作为工具。后来人们觉得这些天天使用的工具太粗糙了,就开始打磨它们,最早的勺子就是这样发明出来的。渐渐地,人们形成了用勺子盛粥、盛饭的习惯。

西汉 彩绘龙纹立雕人像漆耳杯

彩绘龙纹立雕人像漆耳杯

时代:西汉

尺寸:长12.8厘米,宽11.5厘米,
杯高4.1厘米

功能:酒杯,立体人
像可以当作酒杯
的把柄

现藏地:上海博物馆

文物档案

西汉 彩绘云纹漆耳杯

从战国发展到西汉,出现了漆器史上第一个艺
术高峰。从最初的红、黑两色到黄、白、褐等更富于变
化的漆色,从镇墓兽、豆到杯、盒、樽等器物,漆器的
样式和品种更加多元,纹样更加丰富,从中也可以感
受到那一时期的人们对美的追求。

2号家族
雕刻出的世界
——雕漆

雕漆，是一种在胎上髹上很厚的漆，再用刀把漆剔掉雕刻出花纹和图案的工艺。

2号家族很庞大，有好多兄弟姐妹，它们都是在漆上雕出来的宝贝。你想知道在漆上能雕刻出什么花样吗？请跟我一起往下看。

文博科普时间

如何制作一件剔犀酒杯

① 制作木胎 **②** 髹漆

一层一层反复涂刷，每一遍漆刷完后，需放入地下室晾干，再继续涂下一层。所以髹漆的过程需要两个月至半年的时间。最终漆的厚度有1~2厘米。

③ 描绘

马上要雕刻了，雕刻之前先打个草稿。

没有时间的积累、没有耐心是做不了漆器的。

雕漆在历史上又被称为：

剔红　剔黑
漆雕　剔绿
剔黄　堆朱　剔彩
剔犀　堆漆

明朝中后期才统一称为雕漆。

所以才叫雕刻出来的漆器。

④ 雕刻

开始雕刻。用刻刀剔出纹理。

很多漆器匠人都是没有指纹的，因为他们经常用手推光，指纹都被磨平了。

⑤ 打磨

蘸水，轻柔而快速地打磨漆表面和纹理。

⑥ 推光

用手沾着砖瓦灰擦拭器物表面。

剔犀

一般情况下剔犀采用两种色漆（多以红色漆和黑色漆为主）。

咕叽，你知道吗？这件盒子最少也要100天才能制作完成呢！

元 剔犀云纹圆盒

快仔细看看这里！漆被剔下之后，不仅出现了美丽的纹路，在这里还露出了不同颜色的漆层！

古人真的很有耐心呀！

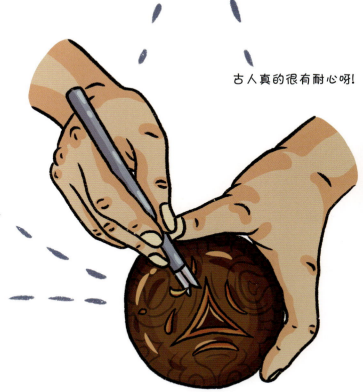

剔犀工艺自唐代开始出现，现在仍然有制作剔犀的匠人。

小朋友会给课本包上书皮，看看皇帝使用的奢华漆书皮吧！

剔红

剔红也是先髹漆，把漆堆刷到大拇指的厚度（1.5~2厘米）之后雕刻，和剔犀不同的是，剔红在髹漆的时候只用红色漆。

这里是用象牙镶嵌制作完成的！

这里是剔红。

如此精美的剔红笔杆！

看这喜庆的剔红，中国人最喜欢了！

明 剔红贺寿笔

清 剔红书卷形盒

清剔红重檐庑殿形香盒

正脊中央装饰着铜质宝葫芦。

两端为脊兽。

你知道它是干什么的吗？里面飘出阵阵轻烟和淡淡的香气。

挑檐挂铜鎏金风铃。

屋檐这里也有铜鎏金。

剔红重檐庑殿形香盒

时代：清中期
尺寸：长53厘米，宽22厘米，
高49厘米
功能：燃香用香盒
现藏地：上海博物馆

文物档案

哦，原来它是一件香盒啊！
还可以拆分开！

2号家族

剔绿

剔绿和剔红的工艺一样,就是涂以数十层乃至上百层的绿漆,然后在绿漆地上雕刻花纹,最后经过打磨、修整,剔绿漆器就制成了!

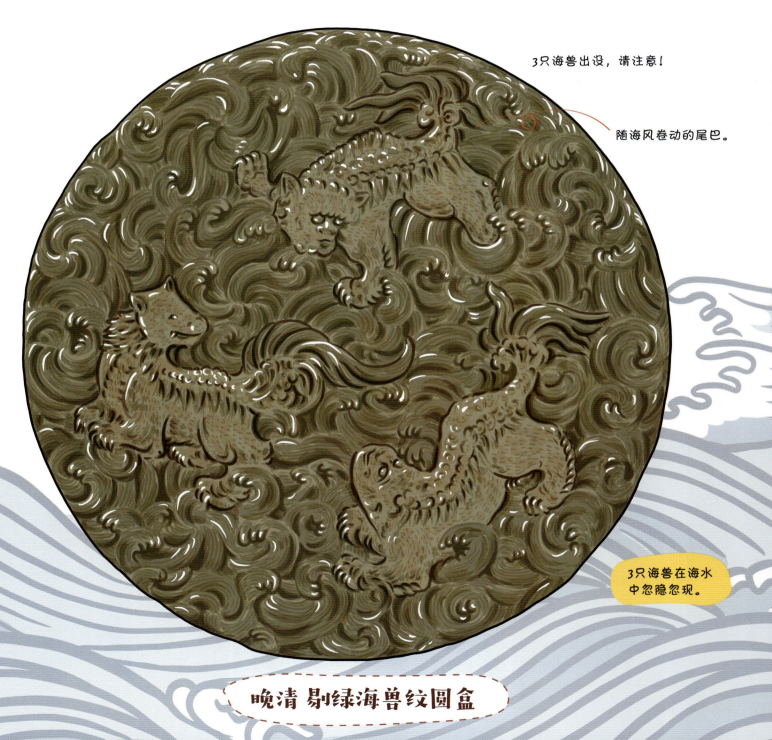

3只海兽出没,请注意!

随海风卷动的尾巴。

3只海兽在海水中忽隐忽现。

晚清 剔绿海兽纹圆盒

26

剔绿海兽纹圆盒

时代：清晚期—民国

尺寸：直径18.7厘米，高8.1厘米

功能：文人雅士使用的收纳盒

现藏地：上海博物馆

文物档案

见此图标
微信扫码 加入奇妙中国寻宝小分队

我还不会游泳呢！

快来一起玩耍！

27

剔彩

 2号家族中色彩最多的成员来了，它就是剔彩。

制作它的时候，需要把彩色的漆按先后顺序涂刷在胎上。

然后想让哪个颜色显露出来，就把这个颜色上面的漆全部剔掉，再用刀在漆地上雕刻花纹。

这件小盒上有黄色、红色、褐色和绿色。

清 剔黄加彩石榴纹随形盒

石榴的寓意是多子多福。

民国 剔红加彩瓜果纹随形盒

 古人全然不畏惧工艺的繁复，目标就是一心一意地将工艺做好，最终呈现出完美的作品。

瓜果是特别讨喜的题材，同时又是丰收和生活富足的象征。

清乾隆 剔彩寿春宝盒

中间一个大大的"春"字，字中央有一位老寿星坐在松树下，老寿星的坐骑鹿和宝瓶在两旁。

这件盒子看上去红红的，但其实它一共髹色漆5层，分别是黄色、赭红色、黑色、绿色和红色。

这里是二龙戏珠。

真是太美了，里面装的是什么呢？

这里装着火珠、犀牛角和珊瑚等宝物。

剔彩寿春宝盒

时代：清乾隆时期，
　　　距今约300年
尺寸：直径16.8厘米，
　　　高6.8厘米
功能：点心盒子
现藏地：南京博物院

文物档案

这件宝盒是宫廷中用来盛放美味点心的盒子。

早在明代嘉靖皇帝时就有这种剔红的盒子，到了清朝，乾隆皇帝也特别喜欢，于是让工匠们仿制了一批剔彩的宝盒，而这件剔彩工艺的春字宝盒正是其中的一件。

海贝大变身——螺钿(diàn)

和之前的两个家族比起来,3号家族增添了一种有五彩光芒的材料——贝壳。

为什么在器物上镶嵌贝壳呢?

上面的彩色部分全都是贝壳。

你知道吗?古时候贝壳的用处可多啦!除了让器物更漂亮之外,贝壳还被当作货币使用呢!

螺钿,指将螺壳、蚌壳、鲍鱼壳等软体动物的漂亮的外壳磨制成薄片,再根据设计的纹样,将薄片镶嵌在漆木等器物表面的一种工艺。

清 黑漆螺钿山水人物图圆盒

三角蚌

30

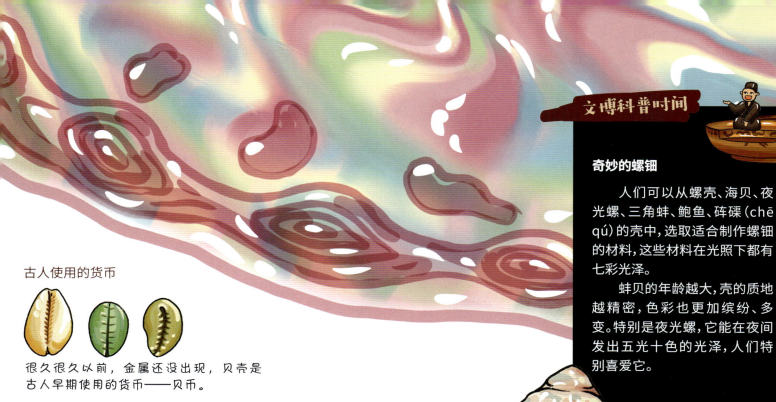

古人使用的货币

很久很久以前，金属还没出现，贝壳是古人早期使用的货币——贝币。

财 货 资 购

今天很多与钱相关的汉字，也说明了贝壳这一古老的使命。比如"财""货""资""购"等汉字，都是"贝"字旁。

将曾经作为货币的贝壳镶嵌在器物上，不仅可以让器物更漂亮，还是主人地位和财富的象征。

文博科普时间

奇妙的螺钿

人们可以从螺壳、海贝、夜光螺、三角蚌、鲍鱼、砗磲（chē qú）的壳中，选取适合制作螺钿的材料，这些材料在光照下都有七彩光泽。

蚌贝的年龄越大，壳的质地越精密，色彩也更加缤纷、多变。特别是夜光螺，它能在夜间发出五光十色的光泽，人们特别喜爱它。

夜光螺

鲍鱼

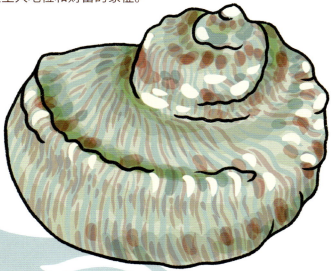

夜光螺

3号家族 螺钿乐器  流入日本的唐代艺术珍宝

下面这件宝贝远在日本，曾是日本圣武天皇心爱的宝贝。

圣武天皇信仰佛教，他在日本建造了很多佛寺，还积极向当时的唐朝学习各项制度和文化知识。据学者考证，这件五弦琵琶就来自当时的大唐。圣武天皇去世之后，他的皇后把这件宝贝送到了日本奈良东大寺内的正仓院，一直保存到现在。

这件五弦琵琶工艺精湛，背面是由整块紫檀做的，镶嵌着南海夜光贝和玳瑁(dàimào)，华丽至极。

唐 螺钿紫檀五弦琵琶

圣武天皇

繁花似锦的感觉。

背面

32

琵琶一般都是四弦，
这是唯一一件传世至今
的五弦琵琶。

这件华丽的琵琶似乎在诉说着
大唐盛世的繁华。

螺钿紫檀五弦琵琶

时代：唐代
尺寸：全长108.5厘米，
　　　腹宽31厘米
功能：顶级乐器
现藏地：日本

文物档案

正面

33

qiāng
戗金

金子一直是人们最喜爱的贵金属了。
这些喜欢金子的人，想了一个用金子作为
装饰的办法，把金子"种"在漆器上面。
这个办法就叫作**戗金**。

漆好的漆面。

在漆面上根据图案
用刀刻出小凹陷，
就像种地一样，要
先挖开土壤。

把金子填在凹
槽中，"种植"完
成了。

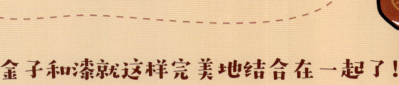

金子和漆就这样完美地结合在一起了！

古人的办法
可真多！

奁有3层，用银镶边。

南宋 朱漆戗金人物花卉纹奁
lián

这个盒子叫**奁**，它是古代女子用来装梳
妆用具的。

金子非常贵重，这个办法让漆器表面
的金子能更加坚固持久，整个盒子看
起来金光闪闪，富丽堂皇！

原来这是一件首饰盒呀！

看看这件宝贝，你们能找出哪些地方是戗金吗？

太漂亮了，我得好好看看！

戗金在这里！工匠在制作它的时候，把所有的轮廓线都添进了金子，又在金线里面，添入了各种颜色的彩漆。

你发现了吗？麒麟的头像龙，身体像麋鹿，蹄子又像马呢！

qí lín
明嘉靖戗金彩漆麒麟纹圆盒

麒麟是中国古代神话中的瑞兽。古人认为，麒麟出没的地方会有好事发生。

文博创想游戏

漆器上的画：翱翔的龙与凤

看看古人画在漆器上的龙和凤吧！

看完4个家族的漆器成员，你最喜欢哪一个呢？

你是否为古代漆器精湛的制作工艺而赞叹呢？

除了剔犀、戗金等等匠心独运的工艺，漆器上的花纹也具有很高的艺术价值，一起来看看吧！

在空白的地方，也请你用画笔画一画振翅欲飞的凤鸟或者自由翱翔的飞龙吧！

见此图标
微信扫码
加入奇妙中国寻宝小分队

漆器上的画：
可爱的半兽人

看这些拿着武器、身形怪异、表情丰富的半兽人，它们来自2000多年前战国时期南方诸侯国——曾国的国君曾侯乙的棺木。

在曾侯乙的棺木上画有大量的半兽人，这些看上去微不足道的小士兵，奇怪又可爱，仿佛它们有很多的小妙招和小办法来守护主人。

请注意，有些士兵居然还是"半成品"。
请你当一位漆画师来完善它们吧！

漆器上的画：

和古人玩儿你画我猜游戏

古人在漆器上留下了一幅幅线条简洁却又生动无比的场景画面，其中有一些描绘的还是神话故事呢！你能猜猜图中画的是什么动物，描绘的是怎样的场景吗？

古人的世界！

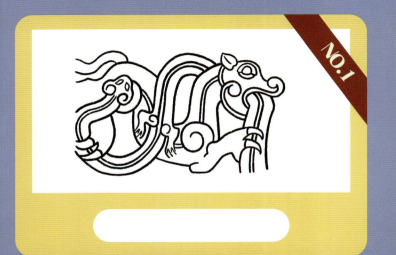

NO.1

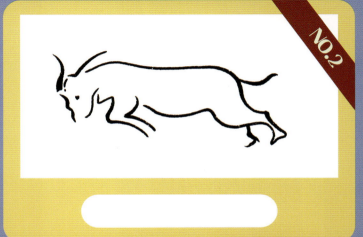

NO.2

NO.3

NO.4

NO.5

NO.6

NO.7

NO.8

NO.9

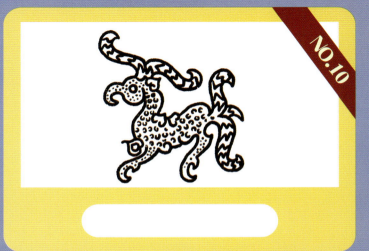

NO.10

答案：1.鸡和狗 2.牛 3.骆驼 4.凤鸟 5.龙 6.虎纹 7.狩猎纹 8.后羿射日图 9.扶桑神树（古人崇拜的太阳树） 10.狸猫

漆器上的画:
和古人心意相通

这些都是古人在漆器上留下的简笔画。现在,请临摹一下它们吧!通过临摹,和古人心意相通,感受他们对植物、动物和人物形象的无限创想力。

自由自在的时刻

小朋友，你很棒，这么快就读完这本书。在最后，请你使用漆器的颜色，来创作一幅特别的绘画吧！

画什么都行，小朋友最喜欢无拘无束地画画了，对吗？

我的文博日记

姓名：＿＿＿＿＿＿＿＿＿＿＿＿＿＿＿＿＿＿＿

年龄：＿＿＿＿＿＿＿＿＿＿＿＿＿＿＿＿＿＿＿

生活的城市：＿＿＿＿＿＿＿＿＿＿＿＿＿＿＿

漆器的漆，最早来源于：＿＿＿＿＿＿＿＿＿＿＿＿＿＿＿＿＿＿＿

大自然的漆会不会变色？＿＿＿＿＿＿＿＿＿＿＿＿＿＿＿＿＿＿＿

我最喜欢的漆器工艺是：□彩绘漆器 □ 剔犀 □ 剔红(绿) □螺钿 □ 戗金

如果让我选一件漆器作为收藏，我会选：＿＿＿＿＿＿＿＿＿＿＿＿

因为：＿＿＿＿＿＿＿＿＿＿＿＿＿＿＿＿＿＿＿＿＿＿＿＿＿＿＿＿

＿＿＿＿＿＿＿＿＿＿＿＿＿＿＿＿＿＿＿＿＿＿＿＿＿＿＿＿＿＿＿

＿＿＿＿＿＿＿＿＿＿＿＿＿＿＿＿＿＿＿＿＿＿＿＿＿＿＿＿＿＿＿

看完这本书，我想对发明和制作了这么多精美漆器的古人说：

＿＿＿＿＿＿＿＿＿＿＿＿＿＿＿＿＿＿＿＿＿＿＿＿＿＿＿＿＿＿＿

＿＿＿＿＿＿＿＿＿＿＿＿＿＿＿＿＿＿＿＿＿＿＿＿＿＿＿＿＿＿＿

本书任务清单

任务	难易程度	完成
1. 是谁最早使用了漆器？	★★★	☐
2. 了解漆液的采集方法。	★★★★	☐
3. 学会写甲骨文中的漆字。	★★★	☐
4. 知道漆树长到几岁时采集出来的漆液是最好用的吗？	★★★★	☐
5. 讲一讲为什么漆树会"咬人"。	★★★★★	☐
6. 什么材料和漆调和后,漆会变成红色的？	★★★	☐
7. 找到连体酒杯的奥秘和使用方法。	★★★★★	☐
8. 解锁"髹""奁""戗"等生僻字的读音和意思。	★★★★	☐
9. 说说人们曾经使用过哪些材料制作漆器的胎。	★★★	☐
10. 跟你的好朋友说一说戗金的工艺是怎么回事。	★★★★	☐
11. 找到最早的货币是什么。	★★★	☐
12. 和古人玩儿你画我猜的游戏,并通关。	★★★★	☐

　　哇,漆器之旅完成啦!小朋友,你的任务清单完成得怎么样?除了清单上的内容,你还收获了什么?现在,漆发展出很多种类了,除了生漆之外,采用各种化学成分合成的化学漆用在了生活的方方面面。这份最初来自大自然的宝藏,给予了人们很多的灵感,最后,让我们一起感谢无私给予我们财富的大自然吧!

SINO-FUSION ARTS

中汇艺术馆是北方传媒集团旗下艺术品收藏机构，成立于2008年，拥有1000余平方米的展示空间。十余年来一直致力于中国古代艺术品的收藏、整理、研究与公众传播。艺术馆下设传统文化体验中心，由文博专家、美院教授、历史学者组成教师团队，推出"小小鉴赏家"少儿和青少年系列趣味创想美育课程，已带领千余家庭和孩子走进博物馆，感知5000年中华文明，引导、陪伴孩子发现历史文博之美，受到了孩子、家长们的喜爱和好评。

给家长的阅读建议：

文博类少儿图书对于学龄前的孩子来说，是一个有着天马行空想象力的世界，孩子会对文物的形状、花纹、功能……产生各种各样的问题，所以家长为孩子解释问题的时候，可以把书中的知识点与孩子熟悉的事物相关联，便于他们更好地理解与记忆，每次阅读时选择两三个知识点让孩子一点点消化，对于书中设计的文博游戏更可以当成亲子游戏来玩儿！

而对于入学后的小读者，父母陪伴孩子阅读是和孩子同频共振的基础，可以一起探讨。当孩子有想深入了解的问题时，家长可以协助孩子查阅更多资料，进一步探索和找到答案。这些都是效果非常好的亲子学习方式！

辽宁省博物馆　公共服务部副主任　张　莹

马上加入 奇妙中国 寻宝小分队

历史留声机
声临其境，带你走进历史现场！

集拼图

国宝集拼图
缺你不可，呼朋唤友一起集！

文物放大镜
配套动画，萌趣国宝等你探索！

文博绘画板
数字涂鸦，创作你的文物画！